BEI GRIN MACHT SICH IHR WISSEN BEZAHLT

AF144616

- Wir veröffentlichen Ihre Hausarbeit, Bachelor- und Masterarbeit

- Ihr eigenes eBook und Buch - weltweit in allen wichtigen Shops

- Verdienen Sie an jedem Verkauf

Jetzt bei www.GRIN.com hochladen
und kostenlos publizieren

Bibliografische Information der Deutschen Nationalbibliothek:

Die Deutsche Bibliothek verzeichnet diese Publikation in der Deutschen National-
bibliografie; detaillierte bibliografische Daten sind im Internet über http://dnb.d-
nb.de/ abrufbar.

Impressum:

Copyright © 2007 GRIN Verlag, Open Publishing GmbH
Druck und Bindung: Books on Demand GmbH, Norderstedt Germany
ISBN: 9783640581061

Dieses Buch bei GRIN:

http://www.grin.com/de/e-book/146505/bibliographie-und-auswertung-von-drei-
fachartikeln-zum-thema-uebersetzen

Stefan Küpper

Bibliographie und Auswertung von drei Fachartikeln zum Thema "Übersetzen im Fremdsprachenunterricht"

GRIN Verlag

GRIN - Your knowledge has value

Der GRIN Verlag publiziert seit 1998 wissenschaftliche Arbeiten von Studenten, Hochschullehrern und anderen Akademikern als eBook und gedrucktes Buch. Die Verlagswebsite www.grin.com ist die ideale Plattform zur Veröffentlichung von Hausarbeiten, Abschlussarbeiten, wissenschaftlichen Aufsätzen, Dissertationen und Fachbüchern.

Besuchen Sie uns im Internet:

http://www.grin.com/

http://www.facebook.com/grincom

http://www.twitter.com/grin_com

Stefan Küpper

Bibliographie und Auswertung von drei Fachartikeln zum Thema „Übersetzen im Fremdsprachenunterricht"

Inhaltsverzeichnis

1. Werner Koller – Das Problem der Übersetzbarkeit[1]

Zu Beginn seines Artikels stellt Koller die These auf, dass Übersetzung (im weiteren Sinne die Kommunikation zwischen Menschen verschiedener Kulturen und Sprache) immer möglich ist, sobald diese auch von den beiden unterschiedlichen Gruppen gewünscht wird. Daher ist Verstehbarkeit grundsätzlich herstellbar. Allerdings lässt Koller den Rahmen bzw. die Eventualitäten dieser Verstehbarkeit offen. Man stelle sich folgende Situation vor: ein europäisches Forscherteam trifft auf eine bisher unbekannte Eingeborenenzivilisation im dichten Urwald von Borneo, dessen Sprache auf einem völlig anderen linguistischen System basiert. Somit ist die verbale Kommunikation vorerst nicht herstellbar. Lediglich ein aus einfachen Gesten bestehendes Zeichensystem könnte Kommunikation bzw. Verstehbarkeit unter minimalistischen Gesichtspunkten (z. B. ‚Essen'/‚Schlafen') ermöglichen. Doch auch die nonverbalen Gesten müssen nicht zwangsläufig zum Erfolg führen, denn diese können innerhalb der Eingeborenenkultur eine völlig andere Bedeutung haben, als in der europäischen Kultur, innerhalb welcher es ebenfalls zu Fehldeutungen bzw. Missverständnissen kommen kann. Daher lässt sich der allgemeine Charakter der Herstellung von Verstehbarkeit in einigen Kontexten durchaus anzuzweifeln. Jedoch relativiert Koller seine erste These, indem er von Paradoxen der Übersetzung spricht: „Jede Übersetzung bestätigt die These der prinzipiellen Unübersetzbarkeit – und widerlegt sich zugleich *qua* Übersetzung."[2] Ausgehend von dieser Feststellung unterscheidet Koller zwischen der Übersetzbarkeit im denotativen Bereich und im konnotativen Bereich. Eine Übersetzung auf konnotativem Gebiet ist äußerst eingeschränkt, wenn nicht sogar unmöglich, da in diesem Sektor die ästhetische Funktion der jeweiligen Sprache (z.B. in Form von idiomatischen Redewendungen) zum Tragen kommt, während Übersetzung im denotativen Gebiet grundsätzlich möglich ist. Des Weiteren geht Koller auf die Funktion der zusammenfassenden Übersetzung eines Textes ein. Dabei stellt er unmissverständlich dar, dass der Inhalt des zu übersetzenden (nicht fiktionalen) Textes mit dem Inhalt des Textes in der Zielsprache meistens nicht mehr genau übereinstimmt, da durch das Prinzip der Auswahl bestimmte Informationen einfach

---

[1] Vgl. **Koller**, Werner: Das Problem der Übersetzbarkeit – sprachliche, textuelle und kulturelle Aspekte, in: W. Börner/K. Vogel (Hrsg.), Kontrast und Äquivalenz. Beiträge zu Sprachvergleich und Übersetzung, Tübingen, 1998, S. 118-135.
[2] Ebd., S. 119.

weggelassen bzw. sogar richtig (aus dem Recherchenwissen des Übersetzers) gestellt werden können. Anders verhält es sich mit fiktiven Texten, da diese Textart ihr spezifisches Eigenleben selbst konstruiert (Inhalt und Rahmenbedingungen). Auch wenn der Übersetzer innerhalb dieser nicht realen Fiktivität einige Schwachstellen bzw. Reibungspunkte entdeckt, so muss er sie dennoch akzeptieren und im Zieltext genauso wiedergeben. Doch treten auch zahlreiche Probleme bezüglich der ‚Mikroebene' der Übersetzung auf. So ist es beispielsweise schwierig, die Mehrdeutigkeit des Konjunktivs in der deutschen Sprache in skandinavische Sprachen zu transferieren, da diese über eine solche grammatische Form einfach nicht verfügen. Somit besteht hier auf eine gewisse Art und Weise eine Unübersetzbarkeit – der Übersetzer muss nun versuchen, mit anderen Mitteln den Übersetzungsauftrag sinngemäß, aber möglichst adäquat in die Zielsprache zu übertragen. Dabei findet also keine Übersetzung im eigentlichen Sinne mehr statt, sondern vielmehr eine ‚Verständlichmachung' eines Sprachphänomens durch Umschreibung bzw. alternative Inhaltsübertragungs-strategien. Als Hilfsmittel können laut Koller dabei Kommentare, die auch als legitimes Mittel in Sachtexten (da es sich um die Vermittlung von bloßen Fakten handelt) allgemein anerkannt werden, dienen. Anders wiederum verhält es sich in literarischen Texten – Kommentare können in diesem Fall die Wirkung bzw. den Charakter des Werkes als ästhetisches Gesamtwerk gefährden, da dem Leser die interpretatorische Freiheit eingeschränkt bzw. vollständig genommen wird. Diese Diskrepanz, welche aus der Übersetzung von literarischen Werken entsteht, ist aber ein durchaus allgemein gültiges Problem. Jedem Leser, der Romane mit Fabelwesen (z. B. Harry Potter, Lord of the Rings) im englischen Originaltext und danach die deutsche Übersetzung gelesen hat, wird augenblicklich klar, dass teilweise auffällige inhaltliche Abweichungen aufgrund der übertragenden Übersetzung entstanden sind.[3] Im größeren Rahmen fasst Koller dieses Problem als „kulturbedingte Übersetzungsproblematik"[4] zusammen. Dieses Phänomen verstärkt sich, sobald der kulturelle Abstand zwischen der Ausgangssprache und

---

[3] Als Beispiel sollen hier die verschiedenen inhaltlichen Konzepte von Fabelwesen dienen: in der deutschen Sprache besteht ein deutlicher Unterschied zwischen *Fee* bzw. *Elfe*. In der englischen Sprache hingegen ähneln sich die Konzepte der beiden Fabelwesen viel stärker. Das OALD gibt folgende Definitionen an: "fairy: a small imaginary being, esp. a female one, with magical powers", "elf: a small fairy that is said to play tricks on people", Vgl. **Hornby**, A.S.: Oxford Advanced Learner's Dictionary of Current English, Ed. J. Crowther, 5th ed., Oxford, 1995. S. 359/399. Erstaunlicherweise wird in der Worterklärung von *elf* wird der Begriff *fairy* verwendet, welches auf eine klare Ähnlichkeit der zwei Fabelwesenkonzepte (*Elfen* als Unterart der *Feen*) schließen lässt.
[4] Vgl. Koller, a.a.O., S. 129.

5

der Zielsprache größer wird. Das heißt, dass beispielsweise eine selbstverständliche Begrüßungsformel, wie das Händeschütteln in Deutschland, in einem anderen Kulturraum höchstwahrscheinlich auf Unverständnis stoßen wird. Somit müsste in einem deutschen Ausgangstext, der in eine andere Sprache übersetzt wird, auf die jeweilig gängigen Begrüßungsformeln der Sprache der Zielkultur angepasst bzw. adaptiert werden (z. B. das Aneinanderreiben der Nasen in der Kultur der Inuits), um auftretende Verwirrungen zu vermeiden. Außerdem muss der Übersetzer bestimmte Selbstverständnisse (wie Feiertage oder bestimmte Konventionen) in seinem Zieltext ergänzen, da der ursprüngliche Autor des Ausgangstextes in seinem Kulturraum solche als selbstverständlich voraussetzen kann (und damit nicht explizit in seinem Text verwendet), während der Leser aus einem anderen Kulturkreis Probleme damit haben sollte. In der abschließenden Zusammenfassung trifft Koller den wesentlichen Kern des Translationsvorgangs bzw. das Dilemma des Übersetzers: „Übersetzungsarbeit ist Arbeit an und mit der Übersetzbarkeit – der Übersetzbarkeit von Sprachen, Texten und Kulturen. Jede Übersetzung reduziert Unübersetzbarkeit – und macht doch immer wieder bewusst, dass es sprachliche, textuelle und kulturelle Andersheit und Fremdheit gibt, bei der nur Annäherungen möglich sind."[5] Hierbei wird deutlich, dass der Vorgang der Übersetzung ein äußerst vielseitiger als auch nuancierter Prozess, der außergewöhnliche Anforderungen an den jeweiligen Translator stellt. Des Weiteren stellt jede Übersetzung ein Unikat (mit jeweils eigenen Rahmenbedingungen, Inhalten und speziellen Erfordernissen) dar, sodass jeder Translationsvorgang eine neue Herausforderung mit sich bringt.

---

[5] Vgl. Koller, a.a.O., S. 133f.

2. G. Wotjak – Kommunikative und kognitive Aspekte des Übersetzens[6]

Einleitend definiert Wotjak (laut kognitiv-pragmatischer Sprachtheorie) den Akt der Kommunikation „als einen Teil einer übergeordneten und zweckgeleiteten sozialen Interaktionshandlung."[7] Daher stellt Kommunikation u. a. die Basis für das aufeinander bezogene Handeln mehrerer Personen innerhalb einer Gesellschaft dar. Übertragen auf den Übersetzungsvorgangs bedeutet dies, dass die Übersetzung an sich einen Prozess bzw. eine Aktivität darstellt, welche durch eine besondere Dynamik gekennzeichnet ist. Mehrere Faktoren, wie z. B. Sender der Ausgangssprache, Empfänger in der Zielsprache, Übersetzer oder auch der Auftraggeber der Übersetzung, müssen dabei beachtet bzw. in den Gesamtprozess miteinbezogen werden. Folglich ist der Übersetzungsvorgang ein vielschichtiger Prozess, der nicht nur auf die Sender-Empfänger-Ebene begrenzt bleibt. Für den Übersetzer selbst ist dieses die größte Herausforderung, da er gezwungen ist, einen Mittelweg zwischen einer rigorosen Wort-für-Wort-Übersetzung und einer rein interpretatorischen Variante zu wählen, um die oben genannten Faktoren korrekt mit einzubeziehen bzw. zu verarbeiten. Wotjak geht in seinen Ausführungen sogar so weit, dass er die Verwendung des Begriffes *Übersetzung* anzweifelt und als „vage vorwissenschaftliche Bezeichnung"[8] abwertet. Einerseits hat er damit natürlich nicht ganz Unrecht, da dieser Begriff zu oberflächlich ist und die zahlreichen Facetten des Translationsprozesses nicht ausreichend widerspiegelt. Auf der anderen Seite handelt es sich bei dem Gebrauch dieses Begriffs lediglich um eine Vereinfachung einhergehend mit dem Kosten-Nutzen-Prinzip – niemanden wäre im normalen Sprachgebrauch eine erweiterte Version des Übersetzungsbegriffs, beispielsweise ein polysyllabisches Wortgeflecht, von Nutzen. Wahrscheinlich auch deshalb bietet Wotjak die Unterteilung der Translation in eine Übersetzung im engeren Sinne (gleichwertiger Gedankenaustausch zwischen Ausgangssprache und Zielsprache) und eine Übersetzung im weiteren Sinne (eine Art Anpassung der Zielsprachenversion an die Ausgangssprache) an. Jedoch sollte in beiden Fällen die Problematik der

---

[6] Vgl. **Wotjak**, Gerd: Kommunikative und kognitive Aspekte des Übersetzens, in: E. Fleischmann u.a. (Hrsg.), Translationsdidaktik. Grundfragen der Übersetzungswissenschaft, Tübingen, 1997, S. 46-53.
[7] Ebd., S. 46.
[8] Ebd., S. 48.

Gleichwertigkeit (Äquivalenz) mit berücksichtigt werden. Hierbei schneidet der Autor zusätzlich seine Auffassungen der unterschiedlichen Äquivalenzebenen (z.B. die semantisch-funktionale Ebene) an, die aber aufgrund der weit reichenden Komplexität hier außerhalb der Betrachtung bleiben sollen.[9] Lediglich die Gleichwertigkeit auf der Ebene des Gedankenaustausches bzw. der Unterhaltung soll etwas ausführlicher betrachtet werden. Bei einer solchen Kommunikationssituation spielen weitere Faktoren eine wichtige Rolle. Demnach wird beispielsweise während der Situation das Welt- bzw. Interaktionswissen des Senders und des Empfängers aktiviert. Diese Prozesse laufen aber im Hintergrund ab, das heißt sie sind im jeweiligen mentalen Lexikon des Senders bzw. Empfängers eingespeichert und automatisch abrufbar, und können daher zu einer mehr oder weniger ausgeprägten Optimierung der Kommunikationssituation führen, wenn der Übersetzer diese erkennt und demgemäß umsetzt. Somit schlussfolgert Wotjak, dass der Übersetzungsprozess (genauso wie die Kommunikation zwischen mehreren Leuten) „zugleich auch Vollzug einer sozial-interaktiven Aushandlungsoperation"[10] ist. Dementsprechend kann man das Übersetzen an sich als vermittelnde Kommunikation zwischen zwei Sprachen betrachten. Ähnlich verhält es sich bei der Übersetzung eines Textes, da dieser ebenfalls „kommunikative Mittel"[11], wie z.B. Bilder, Symbole oder darüber hinausgehende Informationen enthalten kann, die vom Übersetzer unter Aktivierung seines Weltwissens in die jeweilige Zielsprache übertragen werden müssen. Nur so kann eine Verständigung über die tatsächliche Intention des Verfassers der Ausgangsbotschaft ermöglicht werden. Auf einen Nenner gebracht, fasst Wotjak noch einmal die Bedeutung der Kommunikation, welche die Übersetzung maßgeblich prägt und selbstverständlich erst ermöglicht, zusammen. Demnach ist die Kommunikation als intentionale Handlung und Bestandteil eines größeren Interaktionsrahmens zu betrachten, welche sich mit dem Wer?, Wem?, Wann? und Wo? der Kommunikationssituation auseinandersetzt. Des Weiteren enthält sie das Thema (Was?, Worüber?), das Kommunikationsziel (Warum?, Wofür?) als auch die sprachliche Umsetzung (Wie?). Unter Berücksichtigung dieser Einflüsse wird der Übersetzer gleichzeitig zum kommunikativen Element bzw. sogar zum eigentlichen Träger der Kommunikation.

---

[9] Meiner Ansicht nach sollte es genügen, die Äquivalenzebenen auf die sprachstrukturellen bzw. linguistischen und grammatischen Bereiche zu beschränken.
[10] Wotjak, a.a.O., S. 51.
[11] Ebd., S.51.

8

3. E. Worbs – Plädoyer für das zweisprachige Wörterbuch als Hilfsmittel des Translators[12]

Laut Worbs befindet sich zurzeit die Verwendung eines zweisprachigen Wörterbuchs beim Übersetzen im Wandel bzw. zumindest im wissenschaftlichen Diskurs. Während noch vor zwanzig Jahren nahezu uneingeschränkt mit monolingualen Wörterbüchern gearbeitet wurde, so ist heute eine zunehmende Tendenz zur Benutzung des bilingualen Wörterbuchs (auch im Sprachunterricht) zu beobachten. Besonders fortgeschrittene Übersetzer würden demnach das zweisprachige Wörterbuch verwenden, um die dortigen Einträge als Ausgangspunkt bzw. gedanklichen Anstoß für eine eigene äquivalente Lösung zu nutzen. Jedoch argumentiert die geläufigste Gegenmeinung damit, dass das bilinguale Wörterbuch wenig hilfreich ist, da „es den spezifischen semantischen Gegebenheiten des Übersetzens"[13] nur eingeschränkt gerecht wird. Das heißt das monolinguale Wörterbuch bietet bessere sprachstrukturelle Zusammenhänge bezüglich seiner Funktion zur Bereitstellung von Sinn- und Bedeutungsträgern. Doch Worbs kritisiert die mangelnd sorgfältigen Analysen der einsprachigen Wörterbücher, in denen beispielsweise noch immer Zirkeldefinitionen verbreitet sind. Die englischen einsprachigen Wörterbücher werden jedoch (aufgrund der globalen Popularität der englischen Sprache als weltumspannende *lingua franca*) außen vor gelassen, da diese explizit unterstützende Konzepte für die nicht-muttersprachlichen Lerner anbieten[14], die es in anderssprachigen Wörterbüchern nicht in diesem Sinne gibt. Besonders problematisch manifestiert sich dieses im Bereich der slawischen Sprachen, wo einsprachige Wörterbücher größtenteils überhaupt nicht auf Fremdsprachenlerner ausgerichtet sind. So werden beispielsweise bestimmte Phrasen durch den Einsatz von weiteren Redensarten erklärt, welches beim Fremdsprachenlerner für zunehmende Verwirrung bzw. Unverständnis stößt. Dennoch ist auch das bilinguale Wörterbuch nicht frei von Kritik, da in vielen Fällen bloße Wortübersetzungen angeboten werden, die oft aus dem Zusammenhang gerissen erscheinen. Eine Überarbeitung mit dem Ziel der

---

[12] Vgl. **Worbs**, Erika: Plädoyer für das zweisprachige Wörterbuch als Hilfsmittel des Translators, in: H. W. Drescher (Hrsg.), Transfer. Übersetzen - Dolmetschen - Interkulturalität, Publikationen des Fachbereichs Angewandte Sprach- und Kulturwissenschaft der Johannes-Gutenberg-Universität Mainz in Germersheim, Reihe A, Bd. 23, Frankfurt am Main, 1997, S. 497-510.
[13] Hönig/Kußmaul, zitiert in: Worbs, a.a.O., S. 498.
[14] Ein gutes Beispiel hierfür ist das OALD. Vgl. **Hornby**, A.S.: Oxford Advanced Learner's Dictionary of Current English, Ed. J. Crowther, 5th ed., Oxford, 1995.

besseren Strukturierung und dem zunehmenden Angebot von Phrasen bzw. idiomatischen Redewendungen würde hier Abhilfe schaffen. Des Weiteren stellt Worbs einen einfach nachvollziehbaren und durchaus zu befürwortenden Lösungsansatz vor – da die Durchführung der Übersetzung sich ohnehin in zwei Teilprozesse teilt, die Rezeptions- und die sich anschließende Übersetzungsphase, wäre es angebracht (und selbstverständlich auch gängige Praxis), innerhalb der ersteren das einsprachige Wörterbuch zum Erlangen des Textverständnisses zu benutzen. In der zweiten Phase, in der zurzeit ebenfalls die Anwendung des monolingualen Wörterbuchs dominiert, sollte jedoch ein zweisprachiges Nachschlagewerk genutzt werden, um das Finden eines am besten passenden Äquivalents[15] zu erleichtern. Das häufigste Problem beim Übersetzen ist nicht die fehlende Kenntnis der Sprachstruktur, sondern vielmehr das Fehlen eines Äquivalents, welches zwar im passiven Wortschatz abgespeichert ist, aber nur durch Reaktivierung – etwa durch Benutzung des zweisprachigen Wörterbuches – aus dem mentalen Lexikon abgerufen werden kann. Das optimale (natürlich noch nicht existierende) bilinguale Wörterbuch würde auch die oben genannten Phasen zugleich abdecken, da es für beide gleichzeitig genutzt werden könnte und damit das einsprachige Wörterbuch nicht mehr erforderlich wäre. Die damit verbundene gesteigerte Arbeitseffizienz ist daher unbestreitbar – mit einem einzigen Nachschlagen eines Wortes während der Verstehens- bzw. Rezeptionsphase würde gleichzeitig die sachgemäße Übersetzung ermöglicht werden. Worbs geht jedoch nicht so weit und fordert lediglich das zweisprachige Wörterbuch als Ergänzung zum einsprachigen Wörterbuch innerhalb dieser Prozesse. Zur vollständigen und adäquaten Alternative kann es dagegen niemals avancieren.[16] Zusätzlich zur Forderung nach enzyklopädischen Informationen[17], plädiert Worbs für die vermehrte Aufnahme von Eigennamen, typischer literarischer Werke, Filme und phrasenhafter Zitate innerhalb eines Wörterbuches für Übersetzer, um die Übersetzungsarbeit an sich zu erleichtern. Zusammengefasst bedeutet dies, dass die bisherige

---

[15] Im seltensten Falle findet der Übersetzer eine vollständige Übereinstimmung zweier Wörter, sodass er meistens auf der Suche nach einer teilweise bzw. am nächsten stehenden Gleichförmigkeit ist. Auch hier bietet das bilinguale Wörterbuch erhebliche Vorteile gegenüber dem monolingualen Nachschlagewerk. Vgl. Worbs, a.a.O., S. 501.
[16] Ebd., S. 500.
[17] Laut Worbs vermitteln zwar auch einsprachige Wörterbücher im gewissen Grad solche Informationen, doch bleibt es im Rahmen seiner eigenen Sprachkultur verhaftet. Der Vorteil des zweisprachigen Nachschlagewerkes liegt jedoch darin, dass in ihm die beiden (sprachlich-) kulturellen Systeme miteinander in Bezug gesetzt werden und dem Übersetzer in dem Falle die Recherchearbeit der zwei unterschiedlichen Systeme bereits fertig präsentiert wird. Ebd., S. 504.

Unterscheidung von verschiedenen Wörterbüchern (z.B. für Enzyklopädische- oder Spezialinformationen) längst hinfällig geworden ist. Ein neuer Typus des Wörterbuches, der vielseitige Informationen integriert, müsste also geschaffen werden, um im größeren Maße Standardsituationen abzudecken. Daher gilt: „Je weniger ein Wörterbuch ‚Wörter'buch ist, desto hilfreicher ist es für den Translator."[18] Problematisch an konventionellen bilingualen Wörterbüchern ist deren indirekter Selbstanspruch, so viele Übersetzungsangebote[19] wie möglich in der Fremdsprache zusammenzufassen. Dennoch wird jeder nachvollziehen können, dass dieser Anspruch, obwohl positiv-idealistischer Natur, niemals Vollständigkeit erreichen kann. Auch die Funktion einer derartigen Zusammenstellung ist fragwürdig, denn bei jeder Übersetzung ist der gesamte (Kon-)Text an sich das Ziel bzw. die bedeutsamste Größe und nicht das einzelne Wort. Selbstverständlich kann auch in einem vermehrt phrasenbezogenem Wörterbuch kein Anspruch auf Vollständigkeit bestehen, aber trotz allem können die wichtigsten Konstellationen dargestellt werden. Ein weiteres großes Problem der bilingualen Wörterbücher besteht in dem Umgang mit auftauchender „Nulläquivalenz"[20]. Die einzigen Möglichkeiten auf solche Lücken einzugehen, besteht darin, mit der Verwendung von Worterklärungen bzw. von anschaulichen Illustrationen diese nachvollziehbar zu erklären. Dennoch kann das zweisprachige Nachschlagewerk ein sehr hilfreiches Mittel beim Übersetzen sein – der Benutzer sollte sich aber bereits im Vorhinein über Möglichkeiten und Grenzen dieses Wörterbuches im Klaren sein. Genau diese Aufgabe fällt dem Lehrenden im Fremdsprachenunterricht zu. Das bilinguale Wörterbuch jedoch von Anfang an abzulehnen bzw. sogar verurteilen, wie es gängige Praxis bei einigen konservativen Sprachlehrenden (besonders im Fachbereich Englisch) ist, kann als gravierender Missstand betrachtet werden. Der Sprachlernende verliert dabei die Einsicht in viel versprechende Möglichkeiten bzw. Angebote während der Übersetzungsarbeit.

---

[18] H. J. Vermeer, zitiert in: Worbs, a.a.O., S. 505.
[19] Laut Worbs resultieren die meisten Übersetzungsfehler nicht etwa aus dem Fehlen von bestimmten Äquivalenten innerhalb der Wörterbücher, sondern aus der nicht korrekten Erklärung und der daraus resultierenden falschen Anwendung dieser. Vgl. Worbs, a.a.O., S. 508. Genau dieses Phänomen hat bereits jeder Fremdsprachenlerner bei einer Übersetzung am eigenen Leib erfahren, wenn er durch einen *native speaker* unterrichtet und darauf hingewiesen worden ist.
[20] Worbs, a.a.O., S. 507. Entspricht dem Auftreten von lexikalischen bzw. phraseologischen Lücken in der Zielsprache.

4. Bibliographie

Barczaitis, Rainer: Kreatives Schreiben im Übersetzungsunterricht, in: E. Fleischmann u.a. (Hrsg.), Translationsdidaktik. Grundfragen der Übersetzungswissenschaft, Tübingen, 1997, S. 103-108.

Doherty, Monika: Auf der Suche nach der gelungenen Übersetzung, in: H. W. Drescher (Hrsg.), Transfer. Übersetzen - Dolmetschen - Interkulturalität, Publikationen des Fachbereichs Angewandte Sprach- und Kulturwissenschaft der Johannes-Gutenberg-Universität Mainz in Germersheim, Reihe A, Bd. 23, Frankfurt am Main, 1997, S. 109-133.

Duff, Alan: Translation, Oxford, 1994. (Buch mit Materialien für das Übersetzen im Englischunterricht)

Ehnert, Rolf: Übersetzen im Fremdsprachenunterricht. Beiträge zur Übersetzungswissenschaft – Annäherungen an eine Übersetzungsdidaktik, Vorträge und Arbeitspapiere der AKDaF, Fachtagung am Fachbereich Angewandte Sprachwissenschaft der Johannes-Gutenberg-Universität Mainz in Germersheim/Rhein vom 9. bis 12. September 1986, Regensburg, 1987.

Friederich, Wolf: Technik des Übersetzens. Englisch und Deutsch. Eine systematische Anleitung für das Übersetzen ins Englische und ins Deutsche für Unterricht und Selbststudium, München, 1977.

Hellweg, Michael: Literarisches Übersetzen, Schriftenreihe: Deutsch betrifft uns, Aachen, 2007.

Hönig, Hans G.: Konstruktives Übersetzen, 2. Aufl., Tübingen, 1997.

Hornby, A.S.: Oxford Advanced Learner's Dictionary of Current English, Ed. J. Crowther, 5th ed., Oxford, 1995.

Koller, Werner: Das Problem der Übersetzbarkeit – sprachliche, textuelle und kulturelle Aspekte, in: W. Börner/K. Vogel (Hrsg.), Kontrast und Äquivalenz. Beiträge zu Sprachvergleich und Übersetzung, Tübingen, 1998, S. 118-135.

Kupsch-Losereit, Sigrid: Übersetzen: ein integrativ-konstruktiver Verstehens- und Produktionsprozess, in: H. W. Drescher (Hrsg.), Transfer. Übersetzen - Dolmetschen - Interkulturalität, Publikationen des Fachbereichs Angewandte Sprach- und Kulturwissenschaft der Johannes Gutenberg-Universität Mainz in Germersheim, Reihe A, Bd. 23, Frankfurt am Main, 1997, S. 209-223.

Kußmaul, Paul: Kreatives Übersetzen, Tübingen, 2000.

Kußmaul, Paul: Verstehen und Übersetzen. Ein Lehr- und Arbeitsbuch, Narr Studienbücher, Tübingen, 2007.

Lederer, Marianne: Translation. The Interpretive Model, Manchester, 2003.

Newmark, Peter: Approaches to Translation, Language Teaching Methodology Series, London, 1988.

Newmark, Peter: Translation Theory and the Theory of Translation, in: G. Wotjak/H. Schmidt, Modelle der Translation. Festschrift für Albert Neubert, Leipziger Schriften zur Kultur-, Literatur-, Sprach- und Übersetzungswissenschaft, Bd. 2, Frankfurt am Main, 1997, S. 13-20.

Nord, Christiane: Einführung in das funktionale Übersetzen. Am Beispiel von Titeln und Überschriften, Tübingen, 1993.

Nord, Christiane: Leicht – mittelschwer – (zu) schwer. Zur Bestimmung des Schwierigkeitsgrades von Übersetzungsaufgaben, in: E. Fleischmann u. a. (Hrsg.), Translationsdidaktik. Grundfragen der Übersetzungswissenschaft, Tübingen, 1997, S. 92-102.

Nord, Christiane: Textanalyse und Übersetzen: theoretische Grundlagen, Methode und didaktische Anwendung einer übersetzungsrelevanten Textanalyse, 3. Aufl., Tübingen, 2003.

Schwanke, Martina: Übersetzen im Unterricht „Deutsch als Fremdsprache", Interkulturelle Erziehung in Praxis und Theorie, Bd. 17, Baltmannsweiler, 1994.

Snell-Hornby, Mary: Handbuch Translation, 2. Aufl., Tübingen, 2006.

Ulrich, Miorita: Die Sprache als Sache. Primärsprache, Metasprache, Übersetzung. Untersuchungen zum Übersetzen und zur Übersetzbarkeit anhand von deutschen, englischen und vor allem romanischen Materialien, ROMANICA MONACENSIA, Bd. 49, Tübingen, 1997.

Wilss, Wolfram: Die Rolle des Übersetzers im Übersetzungsprozess, in: G. Wotjak/H. Schmidt, Modelle der Translation. Festschrift für Albert Neubert, Leipziger Schriften zur Kultur-, Literatur-, Sprach- und Übersetzungswissenschaft, Bd. 2, Frankfurt am Main, 1997, S. 89-105.

Worbs, Erika: Plädoyer für das zweisprachige Wörterbuch als Hilfsmittel des Translators, in: H. W. Drescher (Hrsg.), Transfer. Übersetzen - Dolmetschen - Interkulturalität, Publikationen des Fachbereichs Angewandte Sprach- und Kulturwissenschaft der Johannes-Gutenberg-Universität Mainz in Germersheim, Reihe A, Bd. 23, Frankfurt am Main, 1997, S. 497-510.

Wotjak, Gerd: Kommunikative und kognitive Aspekte des Übersetzens, in: E. Fleischmann u.a. (Hrsg.), Translationsdidaktik. Grundfragen der Übersetzungs-wissenschaft, Tübingen, 1997, S. 46-53.